BEI GRIN MACHT SICH IHR WISSEN BEZAHLT

- Wir veröffentlichen Ihre Hausarbeit, Bachelor- und Masterarbeit

- Ihr eigenes eBook und Buch - weltweit in allen wichtigen Shops

- Verdienen Sie an jedem Verkauf

Jetzt bei www.GRIN.com hochladen und kostenlos publizieren

Bibliografische Information der Deutschen Nationalbibliothek:

Die Deutsche Bibliothek verzeichnet diese Publikation in der Deutschen National-
bibliografie; detaillierte bibliografische Daten sind im Internet über http://dnb.d-
nb.de/ abrufbar.

Impressum:

Copyright © 2015 GRIN Verlag, Open Publishing GmbH
Druck und Bindung: Books on Demand GmbH, Norderstedt Germany
ISBN: 9783668213807

Dieses Buch bei GRIN:

http://www.grin.com/de/e-book/321221/geschichte-tendenzen-und-merkmale-des-
expressionismus

Floriant Telesport Soh Mbe

Geschichte, Tendenzen und Merkmale des Expressionismus

GRIN Verlag

GRIN - Your knowledge has value

Der GRIN Verlag publiziert seit 1998 wissenschaftliche Arbeiten von Studenten, Hochschullehrern und anderen Akademikern als eBook und gedrucktes Buch. Die Verlagswebsite www.grin.com ist die ideale Plattform zur Veröffentlichung von Hausarbeiten, Abschlussarbeiten, wissenschaftlichen Aufsätzen, Dissertationen und Fachbüchern.

Besuchen Sie uns im Internet:

http://www.grin.com/

http://www.facebook.com/grincom

http://www.twitter.com/grin_com

Inhaltsverzeichnis

Der Autor der vorliegenden Arbeit ist kein Deutsch-Muttersprachler. Bitte haben Sie Verständnis für grammatikalische Fehler und Uneinheitlichkeit im Ausdruck.

Einleitung

Eines der wesentlichen Kategoriensysteme, mit deren Hilfe Literaturwissenschaftler ihren Gegenstandsbereich ordnen, ist die Periodisierung der Literatur, ihre historische Gliederung durch Epochenbegriffe. Das Wort „Epoche" stammt von dem Griechischen „Epoché" und bedeutet „Halte- und Fixpunkt". Dieses Wort bezeichnet so gesehen den Raum zwischen zwei Einschnitten oder Daten. Die Geschichte der Literatur ist durch viele literarische Bewegungen überfüllt. Die Einteilung dieser literarischen Epochen oder Bewegungen hängt von den Gemeinsamkeiten einer bestimmten Textgruppe ab. Diese können gattungspoetologisch, poetisch, ästhetisch, philosophisch, sozialgeschichtlich usw. sein. Ausgehend von diesen Merkmalen spricht man beispielweise von der Literatur der Renaissance und Humanismus(1470-1600), der des Barocks(1600-1720), Literatur des Naturalismus(1880-1900), Literatur des Expressionismus(1910-1925). Der Letztgenannte bzw. der Expressionismus (Lat. Expressio= Ausdruck), worauf wir unsere Aufmerksamkeit richten, ist eine prägende literarische Bewegung des früh 20.Jahrhunderts, die einen Abriss in der Geschichte der Literatur bildet, denn er erscheint als Anfang der Moderne laut einigen Theoretikern. Was ist Expressionismus? Welches sind seine historischen und geistesgeschichtlichen Hintergründe? Welches sind seine Tendenzen und Merkmale? Was bezwecken die Expressionisten? Wie kommen Merkmale expressionistischer Literatur in Döblins „Berlin Alexanderplatz"(1929) zum Ausdruck? Eine Antwort auf diese Fragen, die den roten Faden bzw. Aufhänger unserer Arbeit bilden, ist das gesamte Streben unseres Augenmerks.

1 Zum Begriff Expressionismus

1.1 Begriffsbestimmung

Die Epoche des Expressionismus ist eine literarische Bewegung am Anfang des 20. Jahrhunderts. Hier versuchen die Künstler, durch darstellerische ausdruckstarke Aspekte in seinen Werken, Erlebnisse darzustellen[1]. Die Themen Krieg und Verfall, Angst und Weltuntergang waren die tonangebenden Motive der Epoche. Was die Erstreckung und die Begrenzung der vorliegenden Epoche angeht, ist es relevant zu erwähnen, dass es eine Meinungsverschiedenheit dabei gibt. Zum einen, etwa bei **Theresa Gruss und Wolfgang Pohl**, erstreckt sich die Epoche des Expressionismus von 1905 bis 1925, und zum anderen, etwa bei **Eva Maria Kabisch**, erstreckt sie sich von 1910 bis 1925.

1.2 Zum historischen Hintergrund

In diesem Teil ist es die Rede davon, den historischen Hintergrund dieser literarischen Epoche zu hinterfragen. Es geht nämlich um eine Übersicht auf markante geschichtliche Fakten, die zum Zustandekommen von dem Expressionismus geführt haben. Hier muss betont werden, dass die Generation der zwischen 1875 und 1895 geborenen Schriftsteller, Maler, Bildhauer durch den Kaiserreich seit 1871, die autoritäre Regierungszeit Wilhelms II(1888-1918), die Großstadterfahrung und den ersten Weltkrieg(1914-1918) geprägt ist. Zudem ist auch zu notieren, dass *„ in den Gründerjahren nach 1871 ein neureiches, selbstzufriedenes Bürgertum entsteht"*[2]. Die wilhelminische Ära, zumal das preußische Vorbild des Reserveoffiziers erscheint in Anlehnung an Walter Fähnders als *„ ein großes Repressionsarsenals"*[3]. Es herrschte auch eine starke politische Oppositionskraft im Wilhelminismus nämlich *„ Arbeiterbewegung und Sozialdemokratie"*[4]. Darüber hinaus führt der Industrialisierungsschub des 19.Jahrhunderts zur Entstehung und Erstarkung von Großstädten, die sich durch „Ballung, sozialer Probleme, Isolation, Alkohol, Drogen, Kriminalität"[5] auszeichnen lassen. Seit dem Berliner Kongress -, den durch Otto von Bismarck in 1878 ausgerufen wird, um koloniale Konflikte zwischen europäischen Ländern abzuschließen, - befestigten sich Spannungen in Europa, die in Krisen *„wie Marokkokrisen und zwar Agardir Krise (1911) und Tanger Krise (1905), Balkanspannungen münden, die*

---

[1] http://www.pohlw.de/literatur/epochen/express.htm, am 12/05/13, um 14Uhr30 nachgeforscht
[2] **Eva Maria Kabisch**, *Literaturgeschichte kurzgefasst*, 1 .Auflage, Ernst Klett Verlag, Stuttgart, 1985. S.30.
[3] **Walter Fähnders**, *Avantgarde und Moderne 1890-1933*, J.B. Metzler, Stuttgart. Weimar, 1998, S.127.
[4] **Walter Fähnders**, a.a.O., S.127.
[5] **Eva Maria Kabisch**, a.a.O., S.30.

den Boden auf den ersten Weltkrieg bereitet haben"[6]. Diese Zeit ist auch durch viele Revolutionen unterminiert. Hier sind die russische Revolution von 1905 und die Oktoberrevolution 1917 zu ernennen.

Da haben wir den historischen Hintergrund des Expressionismus umgerissen. Was zeichnet den geistesgeschichtlichen Hintergrund aus?

1.3 Zum geistesgeschichtlichen Hintergrund

In Anlehnung an Marx' Lehren herrschte eine sozialrevolutionäre Vorstellung von Kommunismus und Sozialismus. Markant war auch obendrein die Ablehnung des positivistischen Weltbildes[7] aus der Erfahrung einer unmenschlich gewordenen Zivilisation. Die Lehren von dem englischen Naturwissenschaftler Charles Darwin(1809-1882) oder dem Darwinismus bestimmen das Weltbild. Diese Lehre ist eine *„Abstammung-und Entwicklungslehre, welche annimmt, dass die zu große Zahl der Nachkommen von Lebewesen auf die Erde zu einem Kampf ums Dasein führt, bei dem nur die am besten angepassten überleben"*.[8]. Hinzu kommen Kulturpessimismus und Antimoralismus. Dies lässt sich zum einen bei dem Philosophen Friedrich Nietzsche(1844-1900) in „Also sprach Zarathustra", ,Gott ist tot", „Wir brauchen einen neuen Menschen" zum Ausdruck kommen. Der Verlust religiöser Bindung und übergeordneter Sinngebung des Lebens gewinnt hier am Boden als Folge. Bei Kafka und Thomas Mann gibt es eine Umwertung der Werte. Am Ende entsteht die Psychoanalyse, deren Gründer der Nervenarzt Sigmund Freud(1856-1939) ist. Mit Freud tauchen Seelenkunde, Entdeckung des Unbewussten, Traumdeutung, Lehre von Ich, Es und Über-Ich auf[9].

Welches sind die Tendenzen und Merkmale des Expressionismus?

---

[6]**Walter Fähnders**, a.a.O., S.126.

[7] Hier muss unterstrichen werden, dass der Positivismus als Weltanschauung, die sich als Lehre von der Gesetzmäßigkeit aller Dinge ohne metaphysische Voraussetzung war repräsentativ für den Naturalismus(1880-1900).

[8] *Wahrig Digital*, Wissen Media Verlag GmbH, Gütersloh/München, 2007.

[9] Vgl. **Eva Maria Kabisch**, a.a.O., S .30.

2 Tendenzen und Merkmale des Expressionismus

2.1 Themenkreis

Die expressionistische Literatur ist auffallend insofern als die Thematik hier zumeist um den Pathos kreist. Themen wie Krieg, Frieden, Krankheit, Utopie, die existentielle Not, der Tod, der Verfall, der Selbstmord, der Wahnsinn, die Zerstörung, die Entfremdung, die Sehnsucht usw. bilden die zentralen Themen expressionistischer Literatur.

2.2 Tendenzen und Merkmale

In diesem Teil handelt es sich davon, die Tendenzen und Merkmale expressionistischer Literatur im Allgemeinen zu skizzieren. Das Erschrecken über das Versagen bisheriger Normen führt zur Ablehnung von Tradition und Denkweisen, die auf Logik und Erklärbarkeit beruhen. Dies lässt sich in der expressionistischen Literatur durch *„die Verarbeitung von Vater-Sohn-Konflikten"*[10] begründen. Generationskonflikte, die sich in Texten durch Aufbegehren gegen die Väterwelt auszeichnen, sind das Streben expressionistischer Autoren. Beispielhaft hierfür ist **Frank Kafka** mit seinen Schriften *„Brief an den Vater"*(1919), *„Urteil"*(1913), *„Die Verwandlung"*(1915). Es gibt obendrein einen Aufbruch im politischen und philosophisch-ästhetischen Bereich, denn Expressionisten wollen eine Veränderung gesellschaftlicher Lage. Diese literarische Bewegung, die sich vielmehr als besondere Ausdruckskunst versteht, steht dem Naturalismus und Impressionismus entgegen. Statt Vorstellung der äußeren Erscheinung wird vielmehr der Ausdruck inneren Erlebens gefordert.[11] Das Wesen der Dinge wird wichtig. Der Dichter als Künder innerlich geschauter Wahrheit soll bilden nicht abbilden. Was die expressionistische Sprache angeht kommt Fritz Martini zur Feststellung, dass sie schon in Naturalismus, Neoromantik, und Jugendstil vorbereitet war[12]. Dies lässt sich durch seine extreme Subjektivität kennzeichnen. Des Weiteren wird ein Hang zum Pathos und Ekstase festgestellt, der sich in Texten durch Befreiung des Wortes aus tradierten Zwängen und grammatischen Normen fetzenartiger Reihung, Montagen, Collagen, Groteske, Verkürzungen (**Alfred Kubin**), visionäre Bilder,

---

[10]**Walter Fähnders**, a.a.O., S.128.
[11]**Vgl. Eva Maria** Kabisch, a.a.O., S.31.
[12]**Fritz Martini**, *Deutsche Literaturgeschichte: von den Anfängen bis zur Gegenwart*, 18.,neu bearbeitete Auflage, Alfred Kröner Verlag, Stuttgart, 1984, S.519.

weit hergeholte Metaphern, Farbsymbolik illustrieren[13]. Wie lassen sich gattungsspezifisch diese Merkmale ausdrücken?

2.3 Gattungsspezifische Merkmale expressionistischer Literatur

Von Vornherein muss in den Vordergrund gesetzt werden, dass sich in dieser expressionistischen Literatur die Abkehr von traditionellen und die Hinwendung zu den neuen Formen und Themen der Moderne vollzog. Eine stark metaphorische Sprache entwickelte sich, Ausdrucksfähigkeit und rhythmische Texte bestimmten die Literatur. Rhetorische Figuren wie Worthäufungen oder Syntax kamen zur Anwendung, die, zusammen mit Reduzierung der Wörter, als besonderes Merkmal in expressionistischen Literaturtexten auftauchten. In dieser Hinsicht wäre eine Annäherung an die drei Grundgattungen notwendig. In derselben Blickrichtung behauptet **Albert Soergerl**: *„Expressionismus ist lyrischer Zwang, dramatischer Drang, nicht epischer Gang"*[14].

2.3.1. Die Lyrik

Ausgehend von der ganz oben zitierten Aussage von **Albert Soergel** wird klar, dass Lyrik die wichtigste Gattung des Expressionismus ist. **Gottfried Benn** beschreibt es in demselben Blickwinkel als *„Wirklichkeitszertrümmerung, als rücksichtsloses An-die-Wurzel-der-Dinge-Gehen"*[15]. Dabei haben also die Gedichte die Funktion, wie bei „Weltende" von den Frühexpressionisten **Jakob van Hoddis** (1911), das Glaubensbekenntnis dieser Generation quasi darzustellen. Die typischen Themen- und Motivkomplexe sind Angst, Tod, Wahnsinn, Melancholie, Krieg. Darüber hinaus ist die Sprache der Expressionisten oftmals stakkatohaft, abgerissen, voller Neologismen und erscheint in ungewohnten Rhythmen. An dieser Stelle muss hervorgehoben werden, dass es doch dem expressionistischen Autor eben nicht um die Wirklichkeit geht, sondern vielmehr um die Wahrheit, die er vermitteln will. Einige Vertreter hier sind Autoren wie **Georg Heym, Frank Werfel, Gottfried Benn, Else Lasker-Schüler, Ernst Stadter, Georg Trakl**, usw.

---

[13]Vgl. **Eva Maria Kabisch**, a.a.O., S.31.
[14] **Walter Fähnders**, *Avantgarde und Moderne, 1890-1933*, JB. Metzler, Stuttgart Weimar, 1998.
[15] http://www.gutefrage.net/frage/merkmale-des-kuenstlerischen-expressionismus am 12/05/13, um 14Uhr30 nachgeforscht

2.3.2. Die Epik

Die Dichter des Expressionismus hier lehnen die Psychologie und Kausalität zur Erklärung von Mensch und Welt ab. Dabei neigen sie vielmehr zur Kürze, zu Wucht und Prägnanz des Ausdrucks. Eines der Hauptmotive bei der erzählenden kurzen Prosa ist „*der jüngste Tag*". Zu den wichtigsten Autoren zählen **Alfred Döblin** mit seinen Werken „*Die Ermordung einer Butterblume*"(1913), „*Berlinalexanderplatz*"(1929), **Franz Kafka** „*Die Verwandlung*", **Heinrich Mann** „*Professor Unrat*".

2.3.3. Die Dramatik

Im Drama haben expressionistische Dichter die Gelegenheit, ihre Ideen der Wandlung und Steigerung wirkungsvoll zu demonstrieren. An dieser Stelle ist es notwendig zu erwähnen, dass das Drama neben der Lyrik eine beherrsche Rolle nimmt. Dabei wird zunächst die Geburt des neuen gewandelten Menschen dargestellt, der schon mit der traditionellen Weltanschauung gebrochen hat. Typisch für das expressionistische Drama ist also nicht nur lange Monologe, lyrisch-hymnische Bilderfolgen, sondern auch Gebärde, Tanz, Pantomime, zeitloses Kostüm, abstraktes Bühnenbild und eine neue Beleuchtungstechnik. Des Weiteren geht es nicht mehr um Charakter, sondern um „Seele" oder „Psyche"; die Figuren erscheinen weitgehend als überindividuelle Typen und totale Ich-Projektionen. Die Hauptvertreter des expressionistischen Dramas sind **R. J. Sorge** „*Der Bettler*", **W. Hasenclever** „*Der Sohn*", **Kornfeld** „*Die Verführung*".

Expressionisten waren sehr revolutionär. Was bezwecken sie und wie? Dieser Frage gehen wir jetzt nach.

3   Ziele und programmatische Zeitschriften der Expressionisten

Die expressionistische Literatur erscheint als eine „elitäre" Literatur. Laut einer Feststellung von **Walter Fähnders**,

> „*waren mehr als achtzig Prozent der Autoren des Expressionismus Akademiker vor allem Philologen, Kunsthistoriker, Juristen, Mediziner, kaum Wirtschafts- oder Naturwissenschaftler. Viele studierten Philosophie und trugen den Doktortitel, zum Beispiel, Blass, Blümner, Hiller, Listenstein, Serner(Dr. Jurist), Kronfeld, Kurt Pinthus,*

August Stramm(Dr. Philosophie)... Einige waren Mediziner wie Gottfried Benn, Alfred Döblin, F. Wolf. Es gab auch Bildhauer und Graphiker wie Ernst Ballach"[16].

Aus dieser Passage liegt diese Tatsache begründet, dass expressionistische Autoren Intellektuelle waren. Diese kämpften für bessere Zeiten, Aktivismus, politisches Engagement, Begeisterung waren ihr Streben[17]. Darüber hinaus lehnten sie *„den Naturalismus, Militarismus, und Kapitalismus und fordern Kosmopolismus, Pazifismus, und Sozialismus."*[18] Revolutionär waren sie, denn diese Zeit ist wie bereits angedeutet durch viele Spannungen, Krisen, usw. erschüttert. Vor dem herrschenden Chaos *„sollte der schöpferische Mensch die Welt formen: durch die Vision, die freie Schöpfung, den entfesselten Geist, den zwingenden Glauben durch den Aktivismus des Wortes".*[19] **Hermann Bar** schrieb beispielsweise,

„Niemals war eine Zeit von solchem Entsetzen geschüttert, von solchem Todesgrauen. Niemals war die Welt so grabesstumm. Niemals war der Mensch so klein. Niemals war ihm so bang. Niemals war Friede so fern und Freiheit so tot. Da schreit die Not jetzt auf. Der Mensch schreit nach seiner Seele, die ganze Zeit wird ein einziger Notschrei. Auch die Kunst schreit mit, in die tiefe Finsternis hinein, sie schreit um Hilfe, sie schreit nach Geist: das ist Expressionismus. "[20]

Hierin liegt sowohl das Unbehagen als auch das Engagement expressionistischer Autoren begründet. Diese Letzteren seien sich als Künder, Visionärer, Propheten. Die Kunst erscheint für sie als Mittel gesellschaftlichen Kampfes. Um ihr Ziel zu erreichen organisierten sie sich in Kreisen (der Georg-Kreis). Programmatische Zeitschriften wie *„Der Sturm"* (seit 1910), *„Die Aktion"* (seit 1911), *„Die Weltbühne"*, *„Die Fortsetzung der Schaubühne"* (seit 1918), *„Das neue Pathos"* (seit 1913), usw. dienten diesen Letzteren dazu, ihre gesellschaftlichen Aktionen darzubieten, ihre gesellschaftskritischen Gedichte dem Lesepublikum darzustellen. Die **„weißen Blätter"**, die **René Schickele** in Zürich herausgab, sammelten die kriegsgegnerischen Stimmen.[21]

---

[16] **Walter Fähnders**, a.a.O., S.126.
[17] Meyers Handbuch über die Literatur, hrsg. und bearbeitet von den Fachredaktionen des Bibliographischen Instituts, Mannheim, 1964, S.44.
[18] **Eva Maria Kabisch**, a.a.O., S.30.
[19] **Fritz Martini**, *Deutsche Literatugeschichte: von den Anfängen bis zur Gegenwart*, 18., neu bearbeitete Auflage, Alfred Kröner Verlag, Stuttgart, 1984, S.558.
[20] **Fritz Martini,** a.a.O., S.558.
[21] **Fritz Martini**, a.a.O., S.538.

Wie lassen sich Merkmale expressionistischer Literatur in **Döblins** „*Berlin Alexanderplatz*''
ablesen? Dieser Frage widme ich mich im Folgenden.

4 Merkmale expressionistischer Literatur in **Alfred Döblins** „*Berlinalexanderplatz*''(1929).

In diesem Teil handelt es sich davon, Merkmale expressionistischer Literatur in **Döblins**
Werk herauszuarbeiten. **Döblins**(1878-1957) Werk enthält sowohl formal als auch inhaltlich
Züge expressionistischer Literatur. Die Thematik der Großstadt und deren Charakteristiken,
die neuen modernen literarischen Formen wie ‚Montage‘, ‚Collage‘, ‚Groteske‘,
‚Bewusstseinsstrom‘, ‚innere Monologe‘, ‚erlebte Rede‘ kommen hier zum Vorschein. Im
Mittelpunkt dieses „*ersten wirklichen Großstadtromans der deutschen Literatur*''[22] steht die
Geschichte des aus dem Gefängnis entlassenen Franz Biberkopf dessen Gegenspieler Berlin
ist, und das scheinbar schier unübersichtliche Angebot an Lebensmöglichkeiten und –chancen
bietet. Biberkopfs Geschichte wird durch Montage von Zitaten(Bibel-Zitate, Schlage-Zitate,
klassische Zitate, Zeitungs- und Reklame-Zitate) rekonstruiert. Manfred Durzaks Feststellung
lautet:

> „*das Zitat tritt bei Döblin auf zweifacherweise in der Montage auf,*
> *einmal in der Verbindung mit dem sprachlichen Bewusstseinsstrom, der*
> *personal gebunden ist; die Montage von Zitaten spiegeln also ein*
> *bestimmtes Bewusstseinsfeld, das sich rezeptiv verhält; zum anderen tritt*
> *das Zitat auch in der Form objektiver Montage auf; die Bindung an ein*
> *bestimmtes Bewusstsein fällt weg; es hat den Anschein, als wenn ein*
> *bestimmter Realitätsbereich sich mit all seinen Partikeln gleichsam*
> *objektiv in Sprache umsetzt.*''[23]

Diese Technik der Montage, die anfänglich mit dem Expressionismus klar zum Ausdruck
kommt, hilft der Verbindung der verschiedenartigsten Elemente zu einem Ganzen und wird
vielmehr für Assoziationen für weitere Ereignisse – zwar von unterschiedlichen Schauplätzen
- verwendet. Dazu gehören im Roman Tatsachenreportage, Wetterberichte(S.40, 140, 282)[24],
Zeitungberichte und Anzeigen(S. 41, 42, 167, 168), Lieder, (S.77, 78, 83, 306, 361),

---

[22] **Winfried Freund**, *Deutsche Literatur,* Dumont, Köln, 2000. S.161.
[23] **Manfred Durzak**, *Zitat und Montage im deutschen Roman der Gegenwart*, in: **Manfred Durzak** (Hg.), *Die deutsche Literatur der Gegenwart: Aspekte und Tendenzen*, 3., erweiterte Auflage, Philipp Reclam Jun., Stuttgart, 1971, S.216-234, hier S. 222.
[24] Hier muss präzisiert werden, dass die verwendeten Seitenangaben jene der Winkler Ausgabe2001 ist.

Gedichte(S.410), Sprichwörter(S.57, 127, 191, 215), Medizinische Diagnose(S. 356, 402), Statistiken(S. 81, 350), Verkehrsberichte(S.40), Reklame(S.41, 57, 72, 106) und Politik(S.80, 82, 240). Davon ausgehend wird klar, dass in **Döblins** Werk viele Zitate aus verschiedenen Bereichen montiert werden. Für **Manfred Durzak** erscheint **Döblins** Roman als ein *„Montage-Roman"*[25]. Wenn **Hermann Meyer** angesichts dieser Zitat-Montierung eine *„radikale Sinnenleerung der Bildungsgüter"* bei **Döblin** festzustellen glaubt, so *„unterschlägt diese negative Charakteristik die eigentliche Gestaltungsabsicht: die Wirklichkeit der Großstadt und ihre durchschnittlichen Bewohner objektiv ins Bild zu bringen und auf jegliche literarische Stilisierung dabei zu verzichten"*[26]. Aus dieser Passage wird klar die Funktion der Zitat-Montierung bei **Döblin** illustriert. Es erweist sich, dass **Döblin** wirklich einen Großstadt-Roman geschrieben hat, wenn man die verschiedenartigen im Werk erschienenen Zitate in Betracht zieht.

Ein weiteres Merkmal expressionistischer Literatur in **Döblins** Werk ist wie bereits angedeutet der Bewusstseinsstrom(Engl. Stream of Consciousness)[27]. Diese Technik des modernen Romans, deren Grundlage die Arbeiten von Sigmund Freud und dessen Beschreibung des menschlichen psychischen Apparats ist, taucht vielmals im Werk in vielen inneren Monologen auf. Beispielhaft hierfür ist dieser lange innere Monolog:

> *„Franz steht allein im schwarzen Hausflur. Er zittert wirklich. Wat steh ich hier? Die haben mir richtig reingelegt. Der Hund hat mir gehauen. Die Klauen hinten, wer weiß, was die Klauen, das sind doch Keene Obsthändler, das sind Einbrecher. Die lange Allee schwarzer Bäume, das eiserne Tor, nachdem Einschluss haben sich sämtliche Gefangenen zur Ruhe zu begeben, im Sommer ist es ihnen gestattet, bis zur Dunkelheit aufzubleiben. Das ist eine Kolonne, Pums kommandiert. Soll ich weg, soll ich nicht weg, soll ick, Wat soll ick. Die haben mir hergelockt; sone Gauner. Ick muss schmiere stehen"(Sic)(S.45).*

---

[25] **Manfred Durzak**, a.a.O. S.218.
[26] **Manfred Durzak**, a.a.O., S.222.
[27] Die ungeregelte Folge von Bewusstseinsinhalten, deren Organisationsprinzip die freie Assoziation ist. Als Urheber des Begriffs gilt der amerikanische Psychologe W. James. Literaturwissenschaftlich gibt es im Wesentlichen zwei Definitionen. Die erste versteht den Stream of Consciouness als Inhaltsbegriff, als ‚Rohmaterial' des Bewusstseins, für dessen Darstellung eine Reihe von Techniken, u. a. die freie indirekte Gedankenwiedergabe(erlebte Rede) und den inneren Monolog gibt. Die zweite Definition bestimmt den Stream of Consciousness als Formbegriff, als eine Extremform des inneren Monologs, bei meist nicht rational gesteuerte Bewusstseinsabläufe(wie die Metapher des Stroms besagt) in ihrer Ungelenkheit , Inkohärenz und Flüchtigkeit ohne jede Vermittlung durch einen Erzähler dargestellt werden. Vgl. **Ansgar Nünning**(Hg.), *Metzler Lexikon Literatur-und Kulturtheorie*, 4.Auflage, J.B.Metzler, 2008?, S.68.

Aus diesem Auszug ersieht man deutlich, wie der Bewusstseinsstrom zum Ausdruck gebracht wird. Er zeichnet sich durch eine unsystematische und inkohärente Rede aus. Man hat hiermit einen Simultaneität-Eindruck, d.h., im Gesagten erscheinen viele Sprünge.

Des Weiteren kommt auch als anderes Merkmal expressionistischer Literatur die lebendige Sprache hinzu. Es wird klar, dass bei **Döblin** die lebendige Sprache wichtiger als die Papier-Sprache oder Standardsprache ist. Dies wird im Werk einerseits durch die Benutzung von dialektalen Formen, Umgangssprachen und andererseits durch syntaktische Brüche, morphologische Brüche, länge Sätze, Anhäufungen, usw.

Darüber hinaus ist auch das Groteske zu ernennen, das in **Döblins** Werk vorwiegend erscheint. Hier muss zunächst hervorgehoben werden, dass in den literarischen Grotesken im Allgemeinen tragische, komische, aber auch grauenerregende und absurde Elemente miteinander verbunden werden. Die Groteske arbeitet mit einer verfremdenden Wirkung in ihrer Gestaltung, einem Erleben außerhalb der gewöhnten Realitätserfahrung. Im Gegensatz zum Phantastischen, das das Abwesende und das Niedagewesene darstellt, zeit die Groteske etwas Bedrohliches und vor allem Komisches, um dem Betrachter bzw. dem Leser eine Welt zu präsentieren, in der die natürliche Ordnung aufgehoben wird. **Michael Bachtin** nach, der die verfremdende Wirkung des Grotesken hervorhebt, ist diese nicht nur eine einfache Verletzung der Norm sondern *„die Leugnung jeglicher abstrakten starren Normen, die Absolutheit und ewige Gültigkeit beanspruchen. Sie negiert die Offenkundigkeit und die Welt des Selbstverständlichen."*[28]

Groteske Elemente lassen sich in Döblins Werk zunächst auf den zentralen Gegenstand, die Stadt Berlin, zurückführen. In „Berlinalexanderplatz" ist es auffallend, dass sich Döblin um eine wirklichkeitstreue Beschreibung der Großstadt Berlin bemüht. Die Realität wird jedoch dabei entfremdet und meist burlesk dargestellt wie die folgende Szene nach Franz' Entlassung aus dem Gefängnis Tegel:

„der Wagen machte eine Biegung, Bäume, Häuser traten dazwischen, lebhafte Straßen tauchen auf, die Seestraße, die Leute stiegen ein und aus. In ihm schrie entsetzt: Achtung, Achtung, es geht los (…) Die Schupos haben jetzt blaue Uniformen. Er stieg unbeachtet wieder aus dem Wagen, war unter Menschen. Was war denn? Nichts."
(S.13, 14)

---

[28]**Michael Bachtin**, *Die Ästhetik des Wortes*, hrsg. von **Rainer Grübel**, Suhrkamp, Frankfurt am Main, 1979, S.347.

Was in dieser Passage und ähnlichen grotesk wirkt, ist eben die Verwirrung des Protagonisten, die in eine Art Ratlosigkeit mündet. Biberkopf hat kein Verständnis mehr für die Verhältnisse, die er in der Gesellschaft vorfindet. In Döblins Werk erscheinen viele groteske Elemente, die von der Eigenartigkeit des Romans zeugt.

Abschließend kann nicht geleugnet werden, dass **Döblins** Werk repräsentativ nicht nur für den Expressionismus sondern auch für die literarische Moderne ist, wenn man darin zum Ausdruck gebrachte Formen wie Montage, Bewusstseinsstrom, Groteske, innere Monologe in Erwägung zieht.

Schluss

In meiner Nachforschung war es die Rede davon, dass ich mich mit dem Expressionismus einlasse. Dabei bin ich zunächst von dessen historischem und geistesgeschichtlichem Hintergrund ausgegangen. Dann wird die Aufmerksamkeit auf seine Tendenzen und Merkmale gerichtet. Zudem ist es mir eingefallen, die geforderten Ziele von Expressionisten darzustellen. Letzten Endes habe ich den Versuch unternommen, Merkmale expressionistischer Literatur in Döblins „Berlin Alexanderplatz'' herauszuarbeiten. Eines ist sicher nach der Erörterung, dass der Expressionismus markant oder prägend für die Geschichte der Literatur sei, denn er markiert durch seinen Stil, Thematik, Schreibweise, den Anfang der Moderne **Bernd Matzkowski** zufolge.[29] Zusammenfassend kann gesagt werden, dass **Döblins** *„Berlin Alexanderplatz''* vertretend für die expressionistische Literatur ist.

---

[29] Vgl. **Bernd Matzkowski,** *wie interpretiere ich Lyrik?* Eingrenzung des Expressionismus 1905-1925.

Literaturverzeichnis.

"I know that knowledge of books is the basis on which all other knowledge rest."(**George Washington**)

1. **Bachtin, Michael**, *Die Ästhetik des Wortes,* hrsg. von Rainer Grübel, Suhrkamp, Frankfurt am Main, 1979.
2. **Döblin, Alfred**, *Berlin Alexanderplatz*, Winkler Ausgabe 2001.
3. **Durzak, Manfred**, *Zitat und Montage im deutschen Roman der Gegenwart*, in: **Durzak, Manfred** (Hrsg.), *Die deutsche Literatur der Gegenwart: Aspekte und Tendenzen*, 3.erweiterte Auflage, Philipp Reclam Jun, Stuttgart, 1971.
4. **Fähnders, Walter**, *Avantgarde und Moderne 1890-1933,* JB. Metzler Verlag, Stuttgart Weimar, 1998.
5. **Freund, Winfried**, *Deutsche Literatur*, Dumont Buch Verlag, Köln, 2000.
6. **Kabisch, Eva Maria**, *Literaturgeschichte kurzgefasst*, 1. Auflage, Ernst Klett Verlag, Stuttgart, 1985.
7. **Martini, Fritz**, *Deutsche Literaturgeschichte von den Anfängen bis zur Gegenwart*, 18., neu verarbeitete Auflage, Alfred Kröner Verlag, Stuttgart, 1984.
8. **Nünning, Ansgar** (Hg.), *Metzler Lexikon Literatur- und Kulturtheorie*, 4., aktualisierte und erweiterte Auflage, J.B.Metzler, Stuttgart.Weimar, 2008.
9. *Meyers Handbuch über die Literatur*, herausgegeben und verarbeitet von den Fachredaktionen des bibliographischen Instituts, Mannheim, 1964.
10. *Wahrig Digital,* Wissen Media Verlag GmbH, Gütersloh/München, 2007.
11. http://www.pohlw.de/literatur/epochen/express.htm.
12. http://www.gutefrage.net/frage/merkmale-des-kuenstlerischen-expressionismus.